Komm mit mir ins Wörterland

Mein erstes Lexikon in Bildern

von Amrei Fechner
mit Versen von Georg Telemann

KERLE
Freiburg · Wien · Basel

Der Adler

Da fliegt der Adler, groß und hoch –
rasch saust die Maus ins Mauseloch.

Die Amsel

Es singt die Amsel laut und schön,
ganz früh und wenn wir schlafen gehn.

Der Affe

Ich wollte gern ein Affe sein:
im Urwald klettern, springen, schrein.

Die Ameisen

Sie schleppen, ziehen, tragen, laufen
und baun ihr Haus als großen Haufen.

Die Ananas

Von süßen Früchten Nanna aß
am allerliebsten Ananas.

Der Artist

Geschickt, geübt und mutig ist
der Hochseilkünstler, der Artist.

Der Arzt, die Ärztin

Mir geht's nicht gut, bin leider krank –
da helfen Ärzte, Gott sei Dank.

Die Ampel

Pass auf, wenn wir die Ampel sehn:
bei Rot ist Stop und Grün heißt Gehn.

A
B
CD
E
F
G
H
IJ
K
L
M
N
O
PQ
R
S
Sch
T
UV
W
XYZ

Der Ballon

Hoch über uns schwebt er davon,
ganz leis und langsam: der Ballon.

Das Baby

Das Baby trinkt aus seiner Flasche
und strampelt in der Tragetasche.

Der Bagger

Der Bagger greift und drückt und gräbt,
er schuftet, schaufelt, schiebt und hebt.

Die Banane

Warum ist die Banane krumm?
Weil sie so wächst, ganz einfach. Drum!

Die Birne

Die eine Birne glüht im Raum,
die andre wächst an ihrem Baum.

Der Blitz

Der Blitz zuckt durch die dunkle Nacht.
Pass auf, weil gleich der Donner kracht.

Die Biene

Als Vorrat für den Winter haben
die Bienen Honig in den Waben.

Das Buch

Wir lesen gern und schauen an,
was man in Büchern finden kann.

Der Bär

Der Bär ist stark und schnell und schwer,
und süßen Honig liebt er sehr.

A
B
CD
E
F
G
H
IJ
K
L
M
N
O
PQ
R
S
Sch
T
UV
W
XYZ

Das Camping

Beim Campingspaß in Wald und Feld
wohnt man im Wagen oder Zelt.

Der Cowboy

Der Cowboy, der als Kuhhirt reitet,
ist hier an Fastnacht nur verkleidet.

Der Clown

Mit lustigen verrückten Sachen
bringt uns der Zirkusclown zum Lachen.

Der Computer

Computer dienen heute vielen
zur Arbeit, aber auch zum Spielen.

D

Die Dusche

Die Dusche gießt und sprüht uns nass,
es ist ein toller Badespaß.

Der Dachs

Der graue Dachs erwacht und macht
sich auf die Jagd in dunkler Nacht.

Der Delphin

Delphine können schwimmen, springen
und manchmal unter Wasser singen.

Das Dreirad

Das Dreirad fährt dich grad und krumm
und kreuz und quer – und fällt nicht um.

A
B
CD
E
F
G
H
IJ
K
L
M
N
O
PQ
R
S
Sch
T
UV
W
XYZ

Das Ei
Sie schlüpfen alle aus dem Ei:
Das Huhn, der Hai, der Papagei.

Die Eiche, die Eichel
Die kleine Eichel siehst du kaum –
aus ihr wächst dann der Riesenbaum.

Das Eichhörnchen
Eichhörnchen klettern in den Bäumen,
im Kogel nisten sie und träumen.

Die Eidechse
Eidechsen lieben Sonnenschein
und klettern über Stock und Stein.

Das Eis, die Erdbeere

Im Sommer müsst ihr uns besuchen,
da gibt es Eis und Erdbeerkuchen.

Die Ente

Stell dir mal vor: wenn wir wie Enten
auch fliegen, schwimmen, tauchen könnten!

Der Elefant

Hier wandern sie, die Elefanten,
die Kinder, Eltern und Verwandten.

A B CD E F G H IJ K L M N O PQ R S Sch T UV W XYZ

Das Fahrrad

Es braust der Wind, die Haare wehn –
hei, Fahrradfahren, das ist schön.

Die Feuerwehr

Es brennt! Da kommt die Feuerwehr
schnell wie der Blitz zur Hilfe her.

Das Flugzeug

Das Flugzeug startet in die Höhe
und fliegt viel weiter, als ich sehe.

Die Flöte

Ja, das macht Spaß: wenn wir mit vielen
vergnügten Kindern Flöte spielen.

Die Fledermaus

Kopfunter schläft die Fledermaus
am hellen Tag im dunklen Haus.

Der Frosch

Quak, quak, so ruft der Frosch im Teich.
Willst du ihn fangen, springt er gleich.

Der Fußball

Wir können nur mit Kopf und Füßen
beim Fußballspielen Tore schießen.

Der Fuchs

Der Fuchs geht um! In Wald und Flur
ist er der Beute auf der Spur.

A
B
CD
E
F
G
H
IJ
K
L
M
N
O
PQ
R
S
Sch
T
UV
W
XYZ

Die Gänse

Die wilden Gänse fliegen weit
nach Süden vor der Winterzeit.

Das Gespenst

Was regt sich da am Zimmerfenster?
Vorhänge sind es, nicht Gespenster.

Die Gämse

Die Gämsen klettern leicht und schnell
auf Felsenhängen und Geröll.

Die Gießkanne

Mit Wasser aus der Kanne gießen
wir Rasen, Blumen, Wege, Wiesen.

Die Gitarre

Wir singen gern und immer wieder
mit der Gitarre unsre Lieder.

G

Die Giraffe

Im Zoo sehn wir Giraffen nah.
Sonst leben sie in Afrika.

Die Glocke

Hörst du die Abendglocken klingen?
Sie wollen dir ein Schlaflied singen.

Die Grille

Der Sommer glüht. Es zirpt die Grille
im hohen Gras – und dann ist Stille.

Der Hahn

Schon früh am Morgen kräht der Hahn.
Kikeriki! Der Tag fängt an.

Der Hai

Im weiten Meer ist Blut geflossen –
schon kommt der Hai herbeigeschossen.

Der Hamster

Der Hamster wird im Winter satt
von dem, was er gesammelt hat.

Der Hirsch
Die Hirsche rufen, brummen, röhren,
man kann sie schon von weitem hören.

Der Hase
Der Hase mit dem langen Ohr
kommt noch in Feld, Wald, Wiese vor.

Der Hubschrauber
Wenn sich die Rotorflügel drehen,
dann kann er starten, fliegen, stehen.

Das Haus
Sie leben alle gern im Haus
mit uns: der Hund, die Katz, die Maus.

Der Hund
Dein Hund ist groß, mein Hund ist klein,
sie wollen unsere Freunde sein.

Der Igel

Der Igel kann mit Stachelspitzen
sich bei Gefahr vor Feinden schützen.

Die Indianer

Vor hundert Jahren ritten sie
zur Büffeljagd durch die Prärie.

Die Insel

Die Insel liegt im weiten Meer
begrenzt von Wasser ringsumher.

Der Jaguar

Der Jaguar mit bunten Flecken
kann sich im Urwald gut verstecken.

Der Jeep

Der Jeep fährt über Stock und Stein
bergauf, bergab und querfeldein.

Das Jojo

Was läuft am Faden fast allein?
Das kann ja nur ein Jojo sein!

Die Johannisbeere

Johannisbeeren leuchten rot.
Schön sauer schmecken sie mit Brot.

A
B
CD
E
F
G
H
IJ
K
L
M
N
O
PQ
R
S
Sch
T
UV
W
XYZ

Der Käfer

Es gibt die Käfer überall,
in Wasser, Wüste, Berg und Tal.

Das Kamel

Von den Kamelen siehst du hier
links Dromedar, rechts Trampeltier.

Das Känguru

Es bringt das kleine Känguru
viel Zeit in Mutters Beutel zu.

Die Kartoffel

Kartoffeln dampfen auf dem Tisch,
sie schmecken gut zu Fleisch und Fisch.

Die Kastanie

Mit Blütenkerzen wie ein Traum,
so leuchtet der Kastanienbaum.

Die Katze

Die Katze schleicht. Sie will mit langen
und spitzen Krallen Mäuse fangen.

Der Kasperl

Der Kasperl ruft: Sind alle da?
Und alle Kinder rufen: Ja!

Das Karussell

Beim Jahrmarkt dreht sich laut und schnell
im Kreis das Kettenkarussell.

Der Kuckuck

„Kuckuck!“ Sein lautes Rufen schallt
im Frühling aus dem grünen Wald.

Das Krokodil

Das Krokodil schwimmt gern im Nil,
es wird sehr groß und frisst sehr viel.

A
B
CD
E
F
G
H
IJ
K
L
M
N
O
PQ
R
S
Sch
T
UV
W
XYZ

Der Lampion

Am Abend laden wir euch ein
bei Lampions und Kerzenschein.

Die Leiter

Die Leiter lehnt an Baum und Zweigen,
wir können auf- und abwärts steigen.

Der Löwe

Mit seiner Mähne ist er schön,
groß und gewaltig anzusehn.

Der Luftballon

Lässt du ihn los, fliegt er davon:
der schöne bunte Luftballon.

Der Lastwagen

Der LKW schleppt jede Last,
wenn sie auf seine Pritsche passt.

Der Löwenzahn

Wir müssen nur ein bisschen blasen –
die Schirmchen fliegen übern Rasen.

Die Laterne

Sankt Martin ritt durch Schnee und Wind.
Martinslaternen liebt das Kind.

A
B
CD
E
F
G
H
IJ
K
L
M
N
O
PQ
R
S
Sch
T
UV
W
XYZ

Der Maulwurf

Wer sieht ihn graben, schaufeln, laufen?
Wir sehen nur die Maulwurfshaufen.

Die Maus

Die Maus im Haus ist oft ein Graus.
Die Katze kommt. Hinaus, hinaus!

Die Meise

Im Winter sehen wir die Meisen
vielleicht vor unserm Fenster speisen.

Die Möhre

Die Gelberüben oder Möhren
kann man gekocht und roh verzehren.

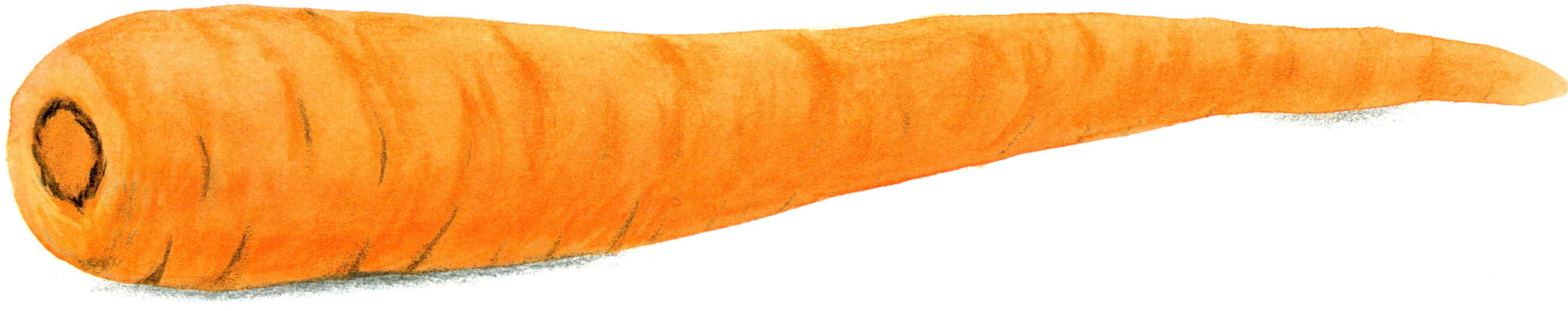

Der Mond
Die blaue Nacht ist hell und klar,
der Vollmond leuchtet wunderbar.

Die Möwe
Wir sehen Möwen oft am Strand,
doch fliegen sie auch über Land.

A
B
CD
E
F
G
H
IJ
K
L
M
N
O
PQ
R
S
Sch
T
UV
W
XYZ

Das Nashorn

Es hat ein scharfes, spitzes Horn
als Waffe an der Nase vorn.

Die Nadel

Die eine Nadel hängt am Baum,
die andre näht am Rock den Saum.

Der Nagel

Mit einem gut gezielten „Klopf"
triffst du den Nagel auf den Kopf.

Das Nilpferd

Nur keine Angst vor diesen Zähnen!
Das Nilpferd beißt nicht. Es will gähnen.

Die Nuss

Zur wunderschönen Weihnachtszeit
sind Nuss und Mandelkern bereit.

A
B
CD
E
F
G
H
IJ
K
L
M
N
O
PQ
R
S
Sch
T
UV
W
XYZ

Der Ochse

Die Ochsen wurden angespannt
und zogen Karren übers Land.

Der Öltanker

Mit Öl beladen, groß und schwer,
so schwimmt der Tanker übers Meer.

Der Omnibus

Es bringt bequem von hier nach dort
der Omnibus die Menschen fort.

Die Orange

Orangen oder Apfelsinen
sind reich an Saft und Vitaminen.

O

Die Palme
Komm mit! Wir spielen oder träumen
im Urlaub unter Palmenbäumen.

Der Papagei
Er schreit und fliegt und klettert frei
im Regenwald: der Papagei.

Der Pilz
Im Wald bei Fichten oder Buchen
da wollen wir die Pilze suchen.

Der Pinguin
In Eis und Schnee und Sturmgebraus,
da ist der Pinguin zu Haus.

Die Puppe
Der Puppenspieler macht Theater:
er spielt die Mutter und den Vater.

Der Pandabär
Der große, schöne Panda liebt
den Urwald, wo es Bambus gibt.

Das Pferd
Wer auf dem Pferd sitzt, der ist groß.
Er reitet. Er ist hoch zu Ross.

P

Die Qualle
Wenn uns der Arm der Qualle trifft,
dann juckt und brennt die Haut wie Gift.

Die Quelle
Die Wasser aus den Quellen fließen
in Bach und Fluss durch Wald und Wiesen.

A
B
CD
E
F
G
H
IJ
K
L
M
N
O
PQ
R
S
Sch
T
UV
W
XYZ

Der Rabe
Sie picken, packen, hacken, graben
und krächzen laut, die schwarzen Raben.

Das Rad
Das Rad gehört zu jenen Sachen
die unser Leben leichter machen.

Die Rakete
Raketen starten himmelwärts
zum Forschen – oder auch zum Scherz.

Die Ratte
Die Ratten wollen wir verjagen,
weil sie an allen Sachen nagen.

Der Regenbogen

Vielfarbig ist in Himmelshöhen
der Regenbogen schön zu sehen.

Der Regenwurm

Der Regenwurm gräbt lange Röhren,
um sich von Erde zu ernähren.

R

Der Riese

Aus Märchen kennen alle diesen
gewaltig großen Mann: den Riesen.

S

Der Sandkasten

Hier ist der Sand! Wir wollen wühlen
und schieben, schaben, graben, spielen.

Die Säge

Die Säge schneidet Holz und Eisen,
wenn ihre scharfen Zähne beißen.

Das Segelboot

Es bläst am Fluss, am See, am Meer
der Wind die Boote vor sich her.

Das Skifahren

Ich freu mich auf die Winterzeit.
Wir fahren Ski. Es schneit, es schneit!

Der Spatz

Er hüpft und fliegt von Platz zu Platz
und pickt und tschilpt: der graue Spatz.

Die Sonnenblume

Die Sonnenblume, groß und schön,
ist oft am Gartenzaun zu sehn.

Der Storch

Der große weiße Storch verlässt
zum Fröschefang sein hohes Nest.

A
B
CD
E
F
G
H
IJ
K
L
M
N
O
PQ
R
S
Sch
T
UV
W
XYZ

Der Schäfer, die Schäferin

Mit Hund und Herde ziehn sie hin,
der Schäfer und die Schäferin.

Die Schaufel

Wir schippen Schnee, wir schippen Sand
mit einer Schaufel in der Hand.

Die Schaukel

Es schwingt die Schaukel hoch und nieder
und auf und ab und immer wieder.

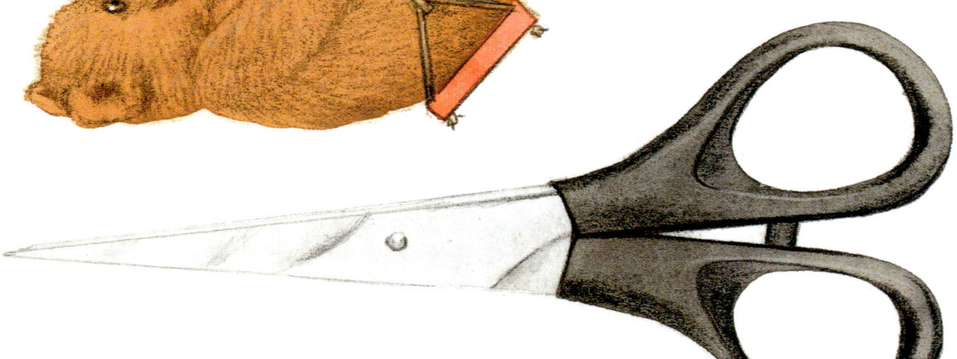

Die Schere

Die Schere schneidet schnipp und schnapp
Papier und Stoff in Stücken ab.

Die Schildkröte

Sie kann sich rasch mit Kopf und Füßen
in ihrem Panzer ganz verschließen.

Das Schiff

Hier schwimmt das Frachtschiff, groß und schwer,
und schafft Container übers Meer.

Die Schlange

Es blickt die Schlange starr und stolz.
Leicht gleitet sie durchs Unterholz.

Der Schmetterling

Der Falter schlägt die Flügel auf
und plötzlich sind vier Augen drauf.

Die Schwalbe

Sie kommt zurück aus Afrika;
dann ist bei uns der Frühling nah.

Der Schwan

Das Nest bewacht der stolze Schwan,
damit das Weibchen brüten kann.

Die Schnecke

Die Schnecke kommt fast nicht vom Fleck.
Doch schau! Auf einmal ist sie weg.

Sch

Der Teddy, das Telefon

Der Teddy kennt ihn auch, den Ton –
und wer geht jetzt ans Telefon?

Das Tennisspiel

Beim Tennis kommt es darauf an,
dass man den Ball gut treffen kann.

Die Tanne

Grün bleibt die Tanne allezeit,
sogar im Winter, wenn es schneit.

Der Tiger

Groß ist der Tiger, stark und schwer,
und klettert wendig wie ein Bär.

Der Traktor

Der Traktor zieht den Pflug, den Wagen,
da muss der Bauer sich nicht plagen.

Die Tomate

Tomaten werden rot und rund
und sind zum Essen sehr gesund.

Die Trommel

Der Trommelton kommt hart und schnell,
schlägst du auf das gespannte Fell.

Die Trompete

Man hört ihn weit und laut und lang,
den strahlenden Trompetenklang.

Der Tukan

Schau dir den Tukanschnabel an:
Was der wohl alles packen kann!

Das U-Boot

Das U-Boot taucht und ist verschwunden.
Doch fährt es weiter. Aber unten.

Die Uhr

Der Zeiger auf dem Zifferblatt
zeigt, was die Uhr geschlagen hat.

Der Uhu

Der Uhu geht um Mitternacht
im Dunkeln auf die Mäusejagd.

Die Violine

Wie heißt das Saiteninstrument,
das jeder, der Musik macht, kennt?

Vulkan

Vulkan: So nennt man weit und breit
den großen Berg, der Feuer speit.

Der Wal
Siehst du den hohen Wasserstrahl?
Im Meer dort draußen schwimmt ein Wal!

Der Wasserfall
Es schäumt und spritzt und zischt ins Tal
vom hohen Berg der Wasserfall.

Das Wildschwein
Das Wildschwein sucht nach Larven, Schnecken
und Trüffeln, die im Boden stecken.

Die Windmühle

Die Mühlen mit den Flügeln stehn,
wo ständig starke Winde wehn.

Der Wolf

Der graue Wolf führt seine Meute,
gemeinsam jagen sie die Beute.

A
B
CD
E
F
G
H
IJ
K
L
M
N
O
PQ
R
S
Sch
T
UV
W
XYZ

Das Xylophon

Wie spielen auf dem Xylophon:
Der Klöppel macht den schönen Ton.

Die Yacht

Das weiße Segel glänzt im Wind,
sieh doch, wie schnell die Yachten sind.

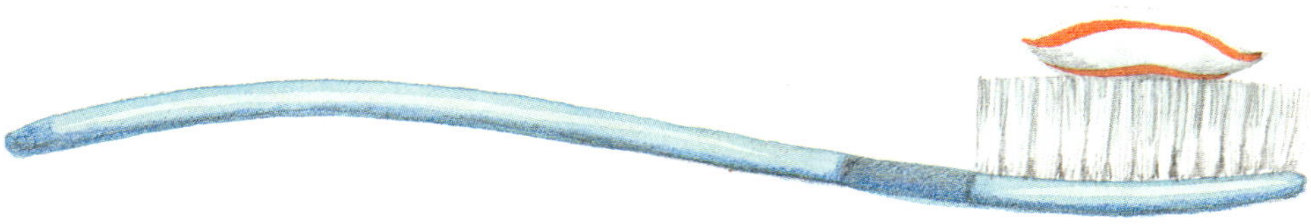

Die Zahnbürste

Wir müssen gut die Zähne bürsten
nach Eis und Reis, nach Weck und Würsten.

Das Zebra, der Zebrastreifen

Das Zebra ist ein Steppentier.
Auf Zebrastreifen gehen wir.

Die Ziege

Die schönen weißen Ziegen heißen
seit alten Zeiten auch noch Geißen.

Der Zeppelin
Wie gern seh ich den Zeppelin
am Himmel mit den Wolken ziehn.

Der Zirkus, das Zelt
Die wunderbare Zirkuswelt
erleben wir im Zirkuszelt.

Der Zwerg
Schneewittchen schlief bei sieben Zwergen
im Häuschen hinter sieben Bergen.

Die Zitrone
Im Sommer brennt die Sonne heiß.
Wie gut schmeckt dann Zitroneneis!

Die Zwiebel
Es gibt die großen und die kleinen,
und wer sie schneidet, der muss weinen.

A B CD E F G H IJ K L M N O PQ R S Sch T UV W XYZ

Die Schreibweise entspricht der neuen Rechtschreibung

Gedruckt auf umweltfreundlichem,
chlorfrei gebleichtem Papier

Einbandillustration: Amrei Fechner
Einbandgestaltung: Network!, München

Druck und Verarbeitung: L.E.G.O. Olivotto S.P.A., Vicenza 1997
ISBN 3-451-70195-2